La escritura
es fácil

Nicolás Weber

*Siempre tengo la imagen de mi padre
con un libro en las manos*

FICHA CATALOGRÁFICA

WEBER, Nicolás
La escritura árabe es fácil / Nicolás Weber
Barcelona : Sirpus, 2004
80 p. ; 24 cm. _ (El Puente)

ISBN 84-89902-74-7
1. Escritura árabe
I. Weber, Nicolás. II. Título. III. El Puente
003.332.05 Web

Agradecemos la cesión de reproducción del poema de Nizar Kabbani,
a la Editorial Hiperión, del libro *El libro del amor,* 1970.
Traducción de Mª Luisa Prieto

Diseño de la cubierta: Nicolás Weber y Roberto Romeo

© 2004 Nicolás Weber
© 2004 Editorial Sirpus

Editorial Sirpus S.L.
Cardenal Vives i Tutó, 59
08034 Barcelona
Tel: (+34) 93 206 37 72
Fax: (+34) 93 280 61 90
info@sirpus.com
www.sirpus.com

Primera edición: noviembre 2004
ISBN: 84-89902-74-7
Depósito legal: B-45500-2004
Maquetación: Dominic Currin
Impresión: Futurgrafic. Molins de Rei (Barcelona)
Impreso en España

Queda terminantemente prohibida, sin la autorización escrita de los titulares del *copyright,* bajo las sanciones establecidas en las leyes, la reproducción parcial o total de esta obra por cualquier medio o procedimiento, comprendidos la reprografía y el tratamiento informático, y la distribución de ejemplares de ella mediante alquiler o préstamo público.

Sumario

Prólogo 5

Introducción 7

Primeros pasos 9

La pronunciación del alfabeto árabe 11

El alfabeto árabe 12–67

Letras adicionales 68

Grafías especiales 69

Las vocales 70

Las cifras 72

Ejercicios con números 73

Ejercicios de escritura 76

Ejercicios de lectura 77

Acabamos con una poesía 78

Prólogo

Un método para aprender a leer y escribir en árabe es todo un reto. ¿Cómo empezar a leer y escribir sin hacer largos estudios de filología árabe? ¿Cómo aplicar un método práctico sin el largo y a veces complejo aprendizaje del idioma? Esto lo ha conseguido Nicolás Weber: su método cuenta con muchos ejercicios, decenas de refranes árabes, palabras prácticas, reproducción de documentos diversos y hasta una poesía de Nizar Kabbani.

El lector de habla hispana carecía hasta ahora de un método serio que le permitiera aprender a escribir y leer en árabe. Quien quisiera aprender de esta forma tenía que buscar libros en otros idiomas –en francés, inglés o árabe– para descubrir la escritura árabe.

Nicolás Weber es un defensor entusiasta del árabe, lengua que conoce muy bien. Afincado desde hace años en Barcelona, publicó en 1992 en el Cairo *Ahlan wa Sahlan,* un completo método de aprendizaje del árabe egipcio, fruto de varios años de trabajo con el doctor Wadie Butros.

La escritura árabe es fácil es un manual moderno y riguroso que guía al lector paso a paso hacia la escritura y la lectura eludiendo los conceptos teóricos complicados. Bienvenidos son los ejercicios vivos, por la rápida progresión por la que nos revelan una letra tras otra.

El libro nos permite descubrir distintos estilos de escritura con varias caligrafías de cada letra. Algo que resulta muy útil es que nos presenta por ejemplo un texto manuscrito y nos propone su lectura… Normalmente los estudiantes de filología árabe no tienen acceso a textos manuscritos.

Otro detalle que me ha fascinado: este método es uno de los pocos que conozco que enseña a leer y escribir las cifras árabes utilizadas en todo Oriente Próximo. ¿Cómo leer un número de teléfono del Cairo, una dirección en Beirut, un billete de moneda o el precio de un artículo sin saber leer los números? Otra vez numerosos ejercicios (precios de frutas en un mercado, matrículas de coches, juego con la numeración de las páginas) ayudan al lector a asimilar rápidamente las nuevas nociones.

Una dificultad del aprendizaje del árabe es adquirir una buena pronunciación; sobre todo para los sonidos nuevos. La propuesta de la Editorial Sirpus de ofrecer en su página web grabaciones de la pronunciación de todas las letras, palabras y refranes del libro, me parece excelente.

El método es un puente entre las culturas, está lleno de datos muy interesantes. Pocos recordamos que la escritura árabe sirvió para escribir el español (textos aljamiados), que la palabra «jabalí» viene del árabe, o cómo se debe pronunciar " لو شاء الله " el padre de nuestro ¡ojalá!

Por último, sólo falta desear al autor un éxito merecido esperando que otros volúmenes vengan a enriquecer esta colección.

Mercedes Zendrera
DIRECTORA DE LA LIBRERÍA ÁRABE BAÏBARS DE BARCELONA

Introducción

El estudio del árabe y de su escritura es una aventura apasionante. Estoy convencido de que empecé la redacción de este libro por el placer que me provocaron mis primeras clases de lengua árabe en París hace ya muchos años.

Entonces, sólo quería acercarme al idioma y a su alfabeto por un corto período. Me doy cuenta hoy que el aprendizaje de la lengua fue mi compañero durante más de 15 años. Empezó en el Institut des Langues Orientales de París, continuó durante muchos años trabajando en el Cairo, y sigue ahora en Barcelona con la escritura de este método. En realidad este libro es un modesto tributo a la deuda que tengo hacia los árabes y su cultura.

El método ha sido concebido para principiantes absolutos que no tienen ningún conocimiento de la escritura y de la lectura del alfabeto árabe. Me he esforzado durante la redacción del libro en utilizar palabras sencillas, prácticas y muy vivas. Cada página va acompañada de ejercicios fáciles y ejemplos claros.

La escritura árabe utiliza un alfabeto de 28 letras. Estudiando 4 letras cada día, en una semana empezará a escribir con el alfabeto árabe.

Adelante اتفضل

Nicolás Weber

Lo sabía…

- La escritura árabe tiene un alfabeto de 28 letras
- El árabe se escribe de derecha a izquierda y de arriba hacia abajo. Por lo tanto, un libro árabe se empieza al revés, abriéndose por la «última» página.

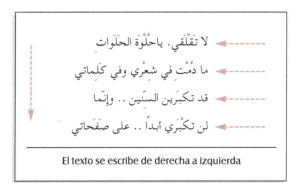

El texto se escribe de derecha a izquierda

El libro se abre «al revés»

- Sin embargo los números en árabe se leen de izquierda a derecha (ver pág. 72 «Las cifras»).
- La escritura árabe es la misma en todos lo países árabes
- La puntuación existe en árabe. Algunos signos difieren ligeramente:

؟ ؛ ،

- La escritura árabe extendida (con algunas letras adicionales) sirve para escribir otros idiomas distintos al árabe como por ejemplo el persa (Irán), el urdu (Pakistán), el otomán (turco antiguo) y varias lenguas africanas. La escritura árabe ha sido utilizada en 130 idiomas desde su aparición hasta la actualidad.
- La escritura árabe sirvió para escribir el español. A principio del siglo XVI, los mudéjares utilizaron la escritura árabe para escribir textos españoles (escritura aljamiada). Ejemplo de palabras españolas en escritura aljamiada:

Capítulos del libro   كَبِّتُلُشْ دَالْ لِبْرُ

- Las mayúsculas no existen. Todas las letras son minúsculas.

Primeros pasos

- Sólo existe una escritura cursiva: la construcción de una palabra se hace atando las letras de una en una de derecha a izquierda.

NO   SÍ

- Cada letra se escribe de manera ligeramente distinta según su posición en la palabra, algo similar a lo que sucede con nuestra «Q».

Por ejemplo, la letra م se escribe de distinta manera según se encuentre:

- al principio… مـ

- en el medio… ـمـ

- al final de la palabra… ـم

م + م + م = ممم

La grafía de la letra sigue el siguiente método:

Tratándose de una escritura cursiva (letras atadas), la diferencia de grafía se produce porque la letra necesita un pequeño trazo para atarse a la anterior o posterior:

enlace con letra anterior   enlace con letra siguiente   letra mīm aislada

Caso particular:

- Las letras ا د ذ ر ز و no se atan a la letra siguiente, como, por ejemplo, en la palabra «yaum» يوم (el día), donde la و* no se ata a la letra siguiente م.

(* ver el refrán de la pág. 64)

Veamos los siguientes ejemplos:

شكرا = ش+ك+ر+ا
(Gracias)

مرحبا = م+ر+ح+ب+ا
(Bienvenido)

عفوا = ع+ف+و+ا
(Lo siento)

La pronunciación del alfabeto árabe

PRONUNCIACIÓN Escuchar la pronunciación exacta en www.sirpus.com	Letra ligada	Letra aislada
A larga, en medio o al final de una palabra	ا	ا
B de «barba»	ببب	ب
T de «tierra»	تتت	ت
Z española	ثثث	ث
G de «beige» o la «J» en francés o catalán	ججج	ج
H con fuerte espiración, como para limpiar un espejo	ححح	ح
J española	خخخ	خ
D española normal	ـد	د
D débil de «cada», o la «th» inglesa en «the»	ـذ	ذ
R española	ـر	ر
Z francesa, parecida al zumbido de una abeja	ـز	ز
S española	سسس	س
X vasca o catalana, la «CH» francesa o la «SH» inglesa	ششش	ش
S enfática, pronunciada elevando el velo del paladar (como si tuviera una patata caliente en la boca)	صصص	ص
D enfática, pronunciada elevando el velo del paladar.	ضضض	ض
T enfática, pronunciada elevando el velo del paladar.	ططط	ط
Z sonora y enfática, como la «d» final de «Madrid».	ظظظ	ظ
A pronunciada con fuerte compresión en la garganta (se consigue apretando con el dedo justo debajo de la nuez).	ععع	ع
R de «París», tal como la pronuncian los franceses.	غغغ	غ
F española.	ففف	ف
K profunda, pronunciada con una fuerte oclusión en la garganta.	ققق	ق
K o «Q» españolas.	ككك	ك
L española.	للل	ل
M española.	ممم	م
N española.	ننن	ن
H muy suave, como cuando se empaña un cristal con el aliento.	ههه	ه
U española larga.	و	و
I larga.	ييي	ي

كان يا ما كان...

ﺍ   ﺍ   ﺭ   ﺋ

Tipografías distintas de la letra ﺍ

Nombre:

Pronunciación: una «a» larga, en medio o al final de una palabra
Escuche el sonido de la letra en www.sirpus.com

final	media	inicial	aislada
ﻫﺬﺍ	ﺑﺎﺏ	ﺃﻣﺲ	ﺍ
este, esto	*puerta*	*ayer*	

Señale la letra ﺍ en la siguiente frase «Érase una vez…»:

كان يا ما كان ... كان يا ما كان

هذا هذا

باب باب

أمس أمس

Reproduzca los ejemplos que figuran en las líneas superiores con la letra ا , o con palabras que la contienen.

Los trazos de la letra ا aislada (recuadro superior) y enlazada con la letra anterior (recuadro inferior)

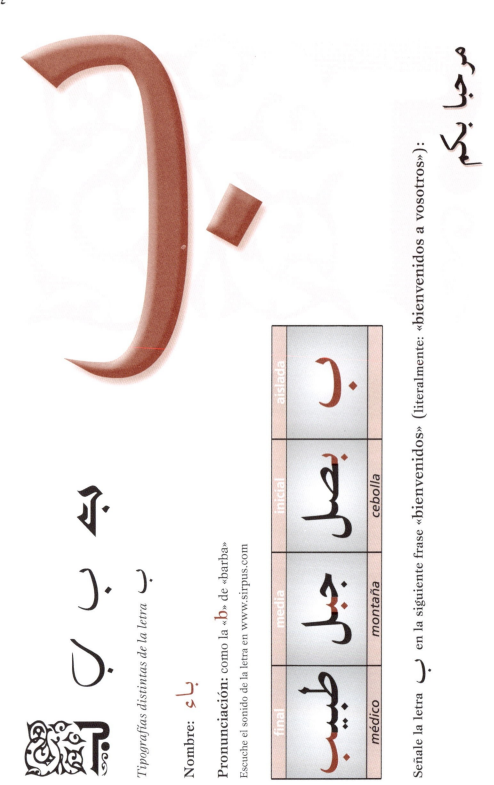

مَرْحَبًا بِكُمْ

Tipografías distintas de la letra ب

Nombre: باء

Pronunciación: como la «**b**» de «barba»
Escuche el sonido de la letra en www.sirpus.com

final	media	inicial	aislada
طبيب	جبل	بصل	ب
médico	montaña	cebolla	

Señale la letra ب en la siguiente frase «bienvenidos» (literalmente: «bienvenidos a vosotros»):

Reproduzca los ejemplos que figuran en las líneas superiores con la letra ر, o con palabras que la contienen.

Los trazos de la letra ر aislada (recuadro superior) y en posición inicial (recuadro inferior)

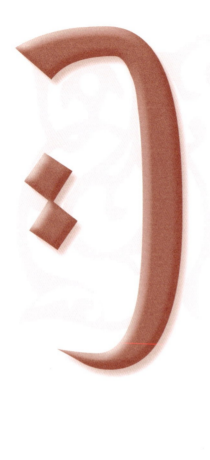

Tipografías distintas de la letra ت

Nombre: تاء

Pronunciación: como la «t» de «tierra»
Escuche el sonido de la letra en www.sirpus.com

final	media	inicial	aislada
بِنْت	يَكْتُب	تَمْرَة	ت
chica	escribir	dátil	

Señale la letra ت en la siguiente frase «en las alegrías y las penas» (literalmente: «en días buenos y malos»):

فِي الأَفْرَاحِ وَالأَتْرَاحِ

Reproduzca los ejemplos que figuran en las líneas superiores con la letra ن, o con palabras que la contienen.

Los trazos de la letra ن aislada (recuadro superior) y en posición inicial (recuadro inferior)

الثالثة الثابتة

Tipografías distintas de la letra ث

Nombre: ثاء

Pronunciación: como la «Z» española
Escuche el sonido de la letra en www.sirpus.com

final	media	inicial	aislada
مثلث	مثل	ثمن	ث
triángulo	ejemplo	valor	

Señale la letra ث en la siguiente frase «a la tercera la vencida» (literalmente: «la tercera es la buena»):

Reproduzca los ejemplos que figuran en las líneas superiores con la letra , o con palabras que la contienen.

Los trazos de la letra ن aislada (recuadro superior) y en posición inicial (recuadro inferior)

Tipografías distintas de la letra ح

Nombre: جيم

Pronunciación: como la «**g**» de «beige» o la «**j**» en francés o catalán
Escuche el sonido de la letra en www.sirpus.com

final	media	inicial	aislada
hielo	estrella	camello	

Señale la letra ح en la siguiente frase «Quien busca encuentra»:

Reproduzca los ejemplos que figuran en las líneas superiores con la letra ﺡ, o con palabras que la contienen.

Los trazos de la letra ﺡ aislada (recuadro superior) y en posición inicial (recuadro inferior)

ح

صباح الخير

ج ح ح ح

Tipografías distintas de la letra ح

Nombre: حاء

Pronunciación: una «h» con fuerte espiración, como para limpiar un espejo
Escuche el sonido de la letra en www.sirpus.com

final	media	inicial	aislada

sal	nosotros	baño	

Señale la letra ح en la siguiente frase «¡Buenos días!» (literalmente «Mañana de bien»):

Reproduzca los ejemplos que figuran en las líneas superiores con la letra ح , o con palabras que la contienen.

Los trazos de la letra ح aislada (recuadro superior) y en posición inicial (recuadro inferior)

٢٤

ح

مساء الخير

Señale la letra ح en la siguiente frase «¡Buenas tardes!» (literalmente «Tarde de bien»):

خاء

Tipografías distintas de la letra ح

Nombre: خاء

Pronunciación: como la «j» española
Escuche el sonido de la letra en www.sirpus.com

final	media	inicial	aislada
ح	ح	ح	ح
cerebro	vapor	bueno	

Reproduzca los ejemplos que figuran en las líneas superiores con la letra ﺡ, o con palabras que la contienen.

Los trazos de la letra ﺡ aislada (recuadro superior) y en posición inicial (recuadro inferior)

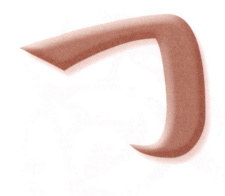

ﻼ د ح

Tipografías distintas de la letra د

Nombre: دال

Pronunciación: como la «**d**» española normal
Escuche el sonido de la letra en www.sirpus.com

final	media	inicial	aislada
بلد	مدرسة	درهم	د
país	escuela	dirham	

Señale la letra د en la siguiente frase «No hay mejor mensajero que el dinero» (literalmente «...que un dirham»):

لا رسول كالدرهم

د د ك ك درهم مدرسة بلد لا رسول كالدرهم

Reproduzca los ejemplos que figuran en las líneas superiores con la letra د, o con palabras que la contienen.

Los trazos de la letra د aislada (recuadro superior) y enlazada con la letra anterior (recuadro inferior)

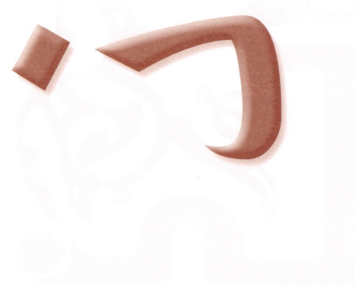

ذ ذ د د

Tipografías distintas de la letra ذ

Nombre: ذال

Pronunciación: como la «d» débil de «cada», o la «th» inglesa en «the»
Escuche el sonido de la letra en www.sirpus.com

final	media	inicial	aislada
لذيذ	كذاب	ذهب	ذ
delicioso	mentiroso	oro	

Señale la letra ذ en la siguiente frase «Más humillado que un burro atado»:

ذ ذ ذ ذ ذ ذ

ذ ذ ذ ذ ذ ذ

ذهب ذهب

كذاب كذاب

لذيذ لذيذ

أذلّ من حمار مقيّد

أذلّ من حمار مقيّد

Reproduzca los ejemplos que figuran en las líneas superiores con la letra ذ, o con palabras que la contienen.

Los trazos de la letra ذ aislada (recuadro superior) y enlazada con la letra anterior (recuadro inferior)

ر ر ر

Tipografías distintas de la letra ر

Nombre: راء

Pronunciación: como la «r» española

Escuche el sonido de la letra en www.sirpus.com

final	media	inicial	aislada
كبير	قرد	رمل	ر
grande	mono	arena	

Señale la letra ر en la siguiente frase «El mono a los ojos de su madre es una gacela»: القرد في عين أمه غزالة

الْقِرْد فِي عَيْن أَمَة غَزالَة كِيسٌ قِرْد حَل ر ر ر ر

الْقِرْد فِي عَيْن أَمَة غَزالَة

Reproduzca los ejemplos que figuran en las líneas superiores con la letra ر, o con palabras que la contienen.

Los trazos de la letra ر aislada (recuadro superior) y enlazada con la letra anterior (recuadro inferior)

العقل زينة الإنسان

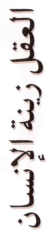

ر ز ز ر

Tipografías distintas de la letra ز

Nombre: زاي

Pronunciación: como la «Z» francesa, parecida al zumbido de una abeja
Escuche el sonido de la letra en www.sirpus.com

final	media	inicial	aislada
موز	غزالة	زيت	ز
plátano	gacela	aceite	

Señale la letra ز en la siguiente frase «La razón es el adorno del hombre»:

ح   ح   ﺣ   ﺣ   زِيْتٌ   غَزَالَةٌ   مَوْزٌ   الْعَقْلُ زِينَةُ الْإِنْسَانِ

ح   ح   ﺣ   ﺣ   زِيْتٌ   غَزَالَةٌ   مَوْزٌ   الْعَقْلُ زِينَةُ الْإِنْسَانِ

Reproduzca los ejemplos que figuran en las líneas superiores con la letra ز, o con palabras que la contienen.

Los trazos de la letra ز aislada (recuadro superior) y enlazada con la letra anterior (recuadro inferior)

سـ س س

Tipografías distintas de la letra س

Nombre: سين

Pronunciación: como la «**S**» española
Escuche el sonido de la letra en www.sirpus.com

final	media	inicial	aislada
أمس	بسمة	سوق	س
ayer	sonrisa	mercado	

Señale la letra س en la siguiente frase «Sé previsor» (literalmente «Compra para ti y para el mercado»): اشتر لنفسك وللسوق

Reproduzca los ejemplos que figuran en las líneas superiores con la letra م, o con palabras que la contienen.

Los trazos de la letra م aislada (recuadro superior) y en posición inicial (recuadro inferior)

أشرب من الرمل

Tipografías distintas de la letra ش

Nombre: شين

Pronunciación: como la «**x**» vasca o catalana, la «**ch**» francesa o la «**sh**» inglesa

Escuche el sonido de la letra en www.sirpus.com

final	media	inicial	aislada
حبش	مشط	شراب	ش
pavo	peine	bebida	

Señale la letra ش en la siguiente frase «Con más sed que la arena»:

Reproduzca los ejemplos que figuran en las líneas superiores con la letra ش, o con palabras que la contienen.

Los trazos de la letra ش aislada (recuadro superior) y en posición inicial (recuadro inferior)

ص ص ص ص

Tipografías distintas de la letra ص

Nombre: صاد

Pronunciación: una «**S**» enfática, pronunciada elevando el velo del paladar (como si tuviera una patata caliente en la boca)

Escuche el sonido de la letra en www.sirpus.com

final	media	inicial	aislada
رقص	بَصَلة	صاحب	ص
baile	cebolla	dueño	

Señale la letra ص en la siguiente frase «Ojos que no ven, corazón que no siente» (literalmente «La distancia reduce las cosas»):

البعد يصغر الأشياء

Reproduzca los ejemplos que figuran en las líneas superiores con la letra ص, o con palabras que la contienen.

Los trazos de la letra ص aislada (recuadro superior) y en posición inicial (recuadro inferior)

الصديق وقت الضيق

ض ض ض ض

Tipografías distintas de la letra ض

Nombre: ضاد

Pronunciación: una «d» enfática, pronunciada elevando el velo del paladar

Escuche el sonido de la letra en www.sirpus.com

final	media	inicial	aislada
مريض	رمضان	ضرب	ض
enfermo	Ramadán	golpear	

Señale la letra ض en la siguiente frase «Se reconocen los amigos en los tiempos difíciles»:

الصديق وقت الضيق مريض رمضان ضرب ض ض ض ض ض

Los trazos de la letra ض aislada (recuadro superior) y en posición inicial (recuadro inferior)

Reproduzca los ejemplos que figuran en las líneas superiores con la letra ض, o con palabras que la contienen.

من أطاع غضبه أضاع أدبه

ط ا ط ا ط

Tipografías distintas de la letra ط

Nombre: طاء

Pronunciación: una «t» enfática, pronunciada elevando el velo del paladar

Escuche el sonido de la letra en www.sirpus.com

final	media	inicial	aislada
ربط	بطن	طلب	ط
atar	barriga	pedir	

Señale la letra ط en la siguiente frase «Quien obedece a su ira pierde su cortesía»:

من أطاع غضبه أضاع أدبه

٤٣

ط ط ط ط طـ بـطـ ربـط
ط ط ط ط طـ بـطـ ربـط

من أطاع غضبه أضاع أدبه
من أطاع غضبه أضاع أدبه

Reproduzca los ejemplos que figuran en las líneas superiores con la letra ط, o con palabras que la contienen.

Los trazos de la letra ط aislada (recuadro superior) y en posición inicial (recuadro inferior)

حظك فل

ظ ظـ ـظـ ـظ

Tipografías distintas de la letra ظ

Nombre: ظاء

Pronunciación: una «**Z**» sonora y enfática, como la «d» final en «Madrid»
Escuche el sonido de la letra en www.sirpus.com

aislada	inicial	media	final
ظ	ظرف	يَعظيم	حظ
	sobre	grande	suerte

Señale la letra ظ en la siguiente frase «Tienes la (buena) suerte del jazmín»:

حظك فل

Los trazos de la letra ظ aislada (recuadro superior) y en posición inicial (recuadro inferior)

Reproduzca los ejemplos que figuran en las líneas superiores con la letra ظ, o con palabras que la contienen.

العقل السليم في الجسم السليم

final	media	inicial	aislada
سريع	معهد	عقل	ع
rápido	instituto	mente	

ع ع ع

Tipografías distintas de la letra ع

Nombre: عين

Pronunciación: una «a» pronunciada con fuerte compresión en la garganta (se consigue apretando con el dedo justo debajo de la nuez)

Escuche el sonido de la letra en www.sirpus.com

Señale la letra ع en la siguiente frase «Mens sana in corpore sano»:

Reproduzca los ejemplos que figuran en las líneas superiores con la letra ع, o con palabras que la contienen.

Los trazos de la letra ع aislada (recuadro superior) y en posición inicial (recuadro inferior)

الحال يغنّي عن السؤال

غـ غ غ ـغـ ـغ

Tipografías distintas de la letra غ

Nombre: غَيْن

Pronunciación: como la «r» de «París», tal como la pronuncian los franceses

Escuche el sonido de la letra en www.sirpus.com

final	media	inicial	aislada
بلّغ	بغداد	غاز	غ
anunciar	Bagdad	gas	

Señale la letra غ en la siguiente frase «El ejemplo canta más que la pregunta»:

Reproduzca los ejemplos que figuran en las líneas superiores con la letra غ, o con palabras que la contienen.

Los trazos de la letra غ aislada (recuadro superior) y en posición inicial (recuadro inferior)

الصبر مفتاح الفرج

Tipografías distintas de la letra ف

Nombre: فاء

Pronunciación: como la «f» española
Escuche el sonido de la letra en www.sirpus.com

final	media	inicial	aislada
ظريف	حفلة	فيل	ف
gracioso	fiesta	elefante	

Señale la letra ف en la siguiente frase «La paciencia es la clave del descanso»:

Los trazos de la letra ف aislada (recuadro superior) y en posición inicial (recuadro inferior)

Reproduzca los ejemplos que figuran en las líneas superiores con la letra ف, o con palabras que la contienen.

الوقاية خير من العلاج

Tipografías distintas de la letra ق

Nombre: قاف

Pronunciación: una «k» profunda, pronunciada con una fuerte oclusión en la garganta.

Escuche el sonido de la letra en www.sirpus.com

final	media	inicial	aislada
ـق	ـقـ	قـ	ق
cigüeña	pobre	trigo	

Señale la letra ق en la siguiente frase «Más vale prevenir que curar»:

Reproduzca los ejemplos que figuran en las líneas superiores con la letra ة, o con palabras que la contienen.

Los trazos de la letra ة aislada (recuadro superior) y en posición inicial (recuadro inferior)

Tipografías distintas de la letra ك

Nombre: كاف

Pronunciación: una «**k**» o «**q**» españolas
Escuche el sonido de la letra en www.sirpus.com

final	media	inicial	aislada
كشك	عكس	كيلو	ك
kiosco	contrario	kilo	

في الحركة بركة

Señale la letra ك en la siguiente frase «En el movimiento viene la prosperidad»:

55

Reproduzca los ejemplos que figuran en las líneas superiores con la letra ك, o con palabras que la contienen.

Los trazos de la letra ك aislada (recuadro superior) y en posición inicial (recuadro inferior)

ل ل ل

Tipografías distintas de la letra ل

Nombre: لام

Pronunciación: como la «l» española
Escuche el sonido de la letra en www.sirpus.com

final	media	inicial	aislada
فعل	كلمة	يلعب	ل
hacer	palabra	jugar	

Señale la letra ل en la siguiente frase «Las mil y una noches» (literalmente: «mil noches y una noche»): ألف ليلة وليلة

Reproduzca los ejemplos que figuran en las líneas superiores con la letra ل, o con palabras que la contienen.

Los trazos de la letra ل aislada (recuadro superior) y en posición inicial (recuadro inferior)

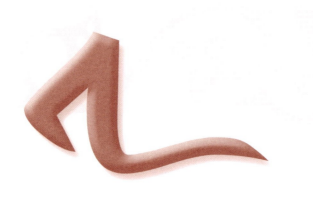

كلّ ممنوع متبوع

Tipografías distintas de la letra م

Nombre: ميم

Pronunciación: como la «m» española
Escuche el sonido de la letra en www.sirpus.com

final	media	inicial	aislada
كريم	المغرب	مدرسة	م
amable	Marruecos	escuela	

Señale la letra م en la siguiente frase «Lo prohibido es lo buscado»:

Reproduzca los ejemplos que figuran en las líneas superiores con la letra م, o con palabras que la contienen.

Los trazos de la letra م aislada (recuadro superior) y en posición inicial (recuadro inferior)

من زرع حصد

ﻥ ﻦ ﻨ ﻧ

Tipografías distintas de la letra ن

Nombre: نون

Pronunciación: como la «**n**» española
Escuche el sonido de la letra en www.sirpus.com

final	media	inicial	aislada
ثمن	كنبة	نملة	ن
precio	sofá	hormiga	

Señale la letra ن en la siguiente frase «Quien siembra, cosecha»:

Reproduzca los ejemplos que figuran en las líneas superiores con la letra ن, o con palabras que la contienen.

Los trazos de la letra ن aislada (recuadro superior) y en posición inicial (recuadro inferior)

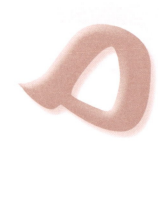

ه ۿ ہ

Tipografías distintas de la letra ه

Nombre: هاء

Pronunciación: una «h» muy suave, como cuando se empaña un cristal con el aliento

Escuche el sonido de la letra en www.sirpus.com

final	media	inicial	aislada
كِتابُهُ	مِهْنة	هاتِف	ه
su libro (de él)	*profesión*	*teléfono*	

Señale la letra ه en la siguiente frase «Quien esconde una ciencia la desconoce»: مَن كَتَمَ عِلْماً فَكَأنّما جَهِلَه

63 ‎٦٣

ه	هـ	ـهـ	ـه	هاتف	مدينة	كتاب	من

هاتف مدينة كتاب من

ه هـ ـهـ ـه هاتف مدينة كتاب من

دليل جئنا فكانا علما كتب من

دليل جئنا فكانا علما كتب من

Reproduzca los ejemplos que figuran en las líneas superiores con la letra ه, o con palabras que la contienen.

Los trazos de la letra ه aislada (recuadro superior) y en posición inicial (recuadro inferior)

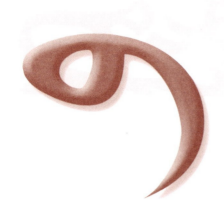

يوم عسل يوم بصل

و و ر ڡ

Tipografías distintas de la letra و

Nombre: واو

Pronunciación: como una «**u**» española larga
Escuche el sonido de la letra en www.sirpus.com

final	media	inicial	aislada
الجو	سوق	ولد	و
el tiempo	mercado	niño	

Señale la letra و en la siguiente frase «Días buenos y días malos» (literalmente: «Días de miel y días de cebolla»):

٦٥

و	و	و	و	لد	سو	حو	يوم عسل يوم بصل

Reproduzca los ejemplos que figuran en las líneas superiores con la letra و , o con palabras que la contienen.

Los trazos de la letra
و aislada
(recuadro superior)
y enlazada con
la letra anterior
(recuadro inferior)

كَيْ   يَ   كِ

Tipografías distintas de la letra ي

Nombre: ياء

Pronunciación: como una «**i**» larga

Escuche el sonido de la letra en www.sirpus.com

final	media	inicial	aislada
دولي	النيل	يد	يْ
internacional	el Nilo	mano	

Señale la letra ي en la siguiente frase «Quien espía oye lo que no le gusta»:

مَن تَسَمَّعَ سَمِعَ ما يَكرَه

من تنسخ سبع ما يكبر دولي النّيل بَدْ كَـِ بِـِ تَـِ كَـِ

Los trazos de la letra ي aislada (recuadro superior) y en posición inicial (recuadro inferior)

Reproduzca los ejemplos que figuran en las líneas superiores con la letra ي, o con palabras que la contienen.

Letras adicionales

La hamza ء

- Esta letra se considera consonante. Según su lugar en la palabra, la hamza se escribe sola o encima de un soporte: أ «álif» وؤ «waw» o ئ «ya» sin punto.

  - مساء (tarde). Ver refrán en la página de la « خ » (pág. 24)
  - أكل (comer)
  - كوؤس (vasos)
  - رئيس (presidente)

- Lectura de la hamza.
  La hamza es el sonido que, en español, acompaña cada vocal cuando empieza una palabra. Si leemos «Ana está en un autobús» marcando una pausa después de cada palabra, se pronuncia 5 veces lo que los árabes llaman «hamza».

La ta' marbuta ة

Esta letra, que se encuentra al final de algunas palabras, es, en general, la marca del femenino singular. Se pronuncia «a»:

- جميل (bello) —> جميلة (bella)
- كلب (perro) —> كلبة (perra)
- Ver otros ejemplos: refranes de las páginas 18 (ث) y 32 (ز).

La álif maksura (la álif rota) ى

Esta letra sólo aparece al final de palabra. Es una variante de la letra álif « ا » y se pronuncia igual que la « ا ».

- على (sobre)
- ver el último verso de la poesía de N. Kabbani (página 78).
- نادى (llamar)

Grafías especiales

La álif mamduda آ (= ا + أ)

- No es una letra. Es una grafía que corresponde a la fusión de la letra أ seguida de una ا. Se pronuncia como una «a» larga. Se encuentra en palabras como:

    - آسف   (lo siento)
    - القرآن   (el Corán)

El لا (= ا + ل)

- No es una letra. Es una grafía que corresponde a la fusión de una ل seguida de una ا. Se pronuncia «la», con una «a» larga. Se encuentra en palabras como:

    - كلام   (palabras)
    - لاعب   (jugador)
    - Ver primera palabra de la poesía de N. Kabbani (pág. 78), o el refrán de la letra د (pág. 26).

La chadda ّ

- La chadda (en rojo) indica que la letra se duplica:

$$تسمّع = ع + م + م + س + ت$$

    - Ver refrán de la página 66.

Las vocales

Existen dos tipos de vocales:

Vocales largas
Existen 3 vocales largas
- A = ا   (ver pág. 12)
- U = و   (ver pág. 64)
- I = ي   (ver pág. 66)

Por ejemplo:

- باب   (puerta)
- نور   (luz)
- فيل   (elefante)

La ي y la و son a la vez vocales y consonantes (semivocales). Ejemplo de semivocales (escucha ejemplos en www.sirpus.com):

- يكتب   («escribe») se lee *yaktabu* (y no *iktabu*)
- ولد   («niño») se lee *waladu* (y no *uladu*)

Nota: cuando no son vocales, se comportan como las demás consonantes y pueden llevar vocales cortas.

Vocales cortas
Son facultativas. Los textos normalmente se escriben sin (ver texto de la poesía de la pág. 78). Existen 4 vocales:
- a
- u
- i
- muda (en árabe la vocal muda se llama «sukuun»)

Por ejemplo:

- تَ (ta)
- تِ (ti)
- تُ (tu)
- تْ (t)

En una palabra o una frase, las vocales cortas darán, por ejemplo:

- A ́   كُتِبَ se lee «kutiba» («ha sido escrito»)
- U ́   كُتِبَ   (")
- I ̣   كُتِبَ   (")
- muda ̊   يَكْتُبُ (se lee «yaktubu» y no «yakatubu» ni «yakitubu»)
- كَتَبَ البِنْتُ («la niña escribió»)

Vocales cortas dobles (llamadas en árabe *tanuiin*)
Al final de las palabras, se puede encontrar vocales cortas dobles que se pronuncian:

- ً se lee «an».
- ٌ se lee «un».
- ٍ se lee «in».

Como, por ejemplo:

- كتبٌ (*kutubun*).
- كتباً (*kutuban*).

Nota: la doble vocal «an» va siempre precedida de la letra ا.

- كتبٍ (*kutubin*).

Las cifras

Número	Nombre en árabe	Nombre en español
٠	سفر	cero
١	واحد	uno
٢	إثنان	dos
٣	ثلاثة	tres
٤	أربعة	cuatro
٥	خمسة	cinco
٦	ستة	seis
٧	سبعة	siete
٨	ثمانية	ocho
٩	تسعة	nueve
١٠	عشرة	diez

Esta grafía de cifras es utilizada en varios países árabes de Oriente Medio. En el Norte de África usan en su mayoría los mismos números que nosotros.

Los números se escriben de izquierda a derecha. Por lo tanto, ¡las cifras se leen en un texto árabe al revés del sentido de lectura!

Ejercicios con números

1. Busque las páginas siguientes en el libro mirando sólo la numeración árabe en la parte superior de cada página:

   - ٦
   - ٨
   - ٣
   - ١٥

   - ٢٠
   - ٤٩
   - ٦٧
   - ٣٦

2. Siga el ejemplo:

   - ٢ —> 2
   - ٥
   - ٦
   - ٤
   - ٧
   - ٨
   - ٢١
   - ٣٠
   - ٦٩
   - ٩٤

   - ١٨٦٤
   - ١٩٨٤
   - ٢٠٠٥
   - ١٨,٢٥

3. Escriba los siguientes números en árabe:

   - 4 —> ٤
   - 27
   - 93
   - 105

   - 465
   - 1987
   - 2004
   - 68145

4. Lea las matrículas de los siguientes coches particulares (ملاكى) de El Cairo القاهرة:

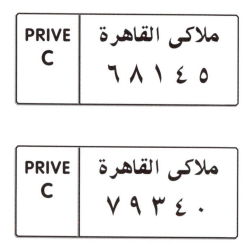

5. ¿A cuánto está hoy la fruta?

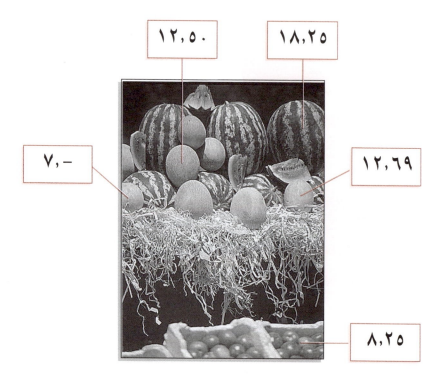

6. Lea esta factura de un taller de coches:

   a) ¿De qué marca es el coche ①?

   b) ¿De qué país es ②? (el nombre de este país sale curiosamente en esta factura en inglés. Su nombre real en árabe es مصر).

   c) Averigüe el total de la factura ③.

Ejercicios de escritura

1. Enlazar (si hace falta) las letras de las siguientes palabras:
   - ش + ر + ب —> شرب (beber)
   - ك + ت + ب
   - د + ر + س
   - ف + ا + ع + ل
   - ج + ل + س
   - ي + و + م
   - أ + ك + ل

2. Suprimir la ة (ta marbuta, ver pág. 68) de la siguientes palabras:
   - كبيرة —> كبير (grande)
   - كريمة
   - جميلة
   - قوية
   - مدرّسة
   - قصيرة
   - ظريفة
   - طيّبة

3. Añadir la vocal larga que hace falta:
   - Y (ي)   ع + ي + د = عيد (fiesta)
   - U   ي + _ + م = (día)
   - A   ك + ت + _ + ب = (libro)
   - Y   ط + ب + _ + ب = (médico)
   - U   م + _ + ز = (plátano)

4. Escriba su nombre con letras árabes:
   - Por ejemplo: Nicolás —> نيكولاس

Ejercicios de lectura

1. ¿Cuales son las 7 ciudades que se esconden dentro de estas 9 palabras?

إسبانيا - مدريد - دمشق - القاهرة - بغداد

باريس - بيروت - رباط - فرانسا

2. Lea los nombres siguientes (¡ojo! entre ellos se esconden cuatro nombres no árabes):

- فاطمة
- أحمد
- محمد
- كريمة
- فاتحة
- ميرثيديس
- نبيل

- خالد
- نيكولاس
- عبدالله
- عمر
- آديلا
- خوليا

3. Reconozca las palabras españolas de origen árabe:

- واد الكبير Guadalquivir (el río grande)
- لَيْمون limón
- القطن algodón
- لو شاء الله ¡Ojalá! (¡Quiera Dios!)
- فلان fulano
- زُرافة jirafa
- نارَنْج naranja

- الكُحول alcohol
- القاضي alcalde (el juez)
- السُكَّر azúcar
- قهوة café
- برّي barrio (exterior)
- جبلي jabalí (montañés)
- الله ¡Olé! (¡Dios!)
- الزيت aceite

Acabamos con una poesía

Presentamos una poesía de Nizar Kabbani. Es un poeta sirio del siglo XX conocido por su poesía de amor. Le invitamos a copiar esta poesía para que se familiarice con la escritura de un verdadero texto árabe respetando la proporción de las letras y la puntuación.

A continuación, presentamos una versión manuscrita de la misma poesía para aprender a reconocer las letras e intentar leer un texto escrito a mano. Además, le proponemos escuchar una lectura en www.sirpus.com

Hemos coloreado:

- las vocales cortas
- vocales cortas dobles (ver «tanuiin» página 71) y
- la «chadda» (duplicación de letra, ver página 69) de rojo.

لا تَقْلَقي. ياحِلْوَة الحَلَوات

No te preocupes, beldad,

ما دُمْتِ في شِعْري وفي كَلِماتي

estás en mi poesía y en mis palabras.

قد تكبَرين السّنين .. وإنّما

Envejecerás con los años

لن تكبُري أبداً .. على صفَحاتي

pero serás siempre joven en mis páginas.

Nizar Kabbani نزار قبّاني
El libro del amor « كتاب الحب » 1970
Traducción Mª Luisa Prieto
Editorial Hiperión

لا تقلَقي. ياحلْوَة الحلَواتِ

ما دمْتِ في شِعْري وفي كَلِماتي

قد تكبَرين السِّنين .. وإنّما

لن تكبَري أبداً .. على صفَحاتي

(versión tipográfica, con letra de imprenta)

(versión manuscrita. Estilo de escritura de Oriente Medio)